AF607204

MISERABLE VEJEZ

LUIS ANTONIO DE VILLENA

MISERABLE VEJEZ

VISOR LIBROS

VOLUMEN MCCLII DE LA COLECCIÓN VISOR DE POESÍA

Imagen de cubierta: Ludwig von Hofmann. *Remeros*

Isaac Peral, 18 - 28015 Madrid
www.visor-libros.com

ISBN: 978-84-9895-554-5
Depósito Legal: M-27539-2024

Impreso en España - Printed in Spain
Gráficas Muriel. C/ Investigación, n.º 9. P. I. Los Olivos - 28906 Getafe (Madrid)

Envejecer, morir,
es el único argumento de la obra.

Jaime Gil de Biedma

AQUEL MEDIODÍA EN EL RÍO ENORME

Una vez llegué al punto de nubes y soles
donde el inmenso río Magdalena se une al océano.
Dos gigantescas aguas diferentes, oleaje y camalotes,
hojas arrastradas, enormes, y peces muertos o de plata...
En la lengua central, de tierra, un pueblito de pescadores.
Negros que bajo el húmedo calor muestran el agua
eterna y hablan de la pesca, de bagre o rayas.
Le dije a mi amigo joven: sería bello vivir aquí.
Siempre. Lejos de todo. Desnudos. Fuera de este tiempo
atroz.
Pero me miró sin ganas. Aún esperaba algo de algo.
Y yo —fascinado de aguas poderosas y sol primitivo—
tampoco me podría quedar. Los pescadores serán echados.
El tosco mundo moderno destruye el tosco mundo viejo.
Todo se derrumba. Todos mienten. Escupen y ensucian
todos. Nada quedará de nada. Maldad y cieno.
Una horda de gentuza brutal y avariciosa.
Tan avara que solo habrá crimen y desierto.
Y acaso —muertos— el gran Magdalena contra el
Océano enorme.

EL TIEMPO TAMBIÉN PACIFICA

Hace años de tu muerte, bastantes ya. ¿Te recuerdo?
Por supuesto, a diario. La orfandad, la soledad
son incesantes, pero —sí— algo cambia en el recuerdo.
Al principio —tras tu desaparición— era acuciante,
invasiva la memoria de ti y de tu imagen. Eras
una presencia/ausencia total. Incluso me pregunté
si era normal tanto no evocarte sino sentirte.
Vivimos tan imbricados, tan dependientes, cada
cual en su modo, que por supuesto todo incidía…
Tu recuerdo sigue siendo continuo, pero ya
no es punzante, acuciador, es brisa. No te
miro al borde mismo del río, sino desde una
colina. El tiempo amengua el daño, no tu memoria.
Por eso ya no tiembla mi mano que te busca,
ya no te busco, sé que no estás ni volverás nunca.
Desde un cerro abrileño te miro con vaga
placidez, con continuado, suave amor, y sé
que te quiero y te querré mientras viva,
imagen que en el aire flotas, como un manso
cendal de entrega, bonanza, fuerza, voz de delicia.

MAR SOLA

Se llama soledad, desdén y misericordia.
Dicen que fue pediatra, ahora sale a mediodía
de una casa burguesa, desarreglada, siempre
el mismo vestido y sus llanos botines eternos.
Dicen que huele mal, que no se lava. Y no es
falta de dinero. Se sienta sola en un bar
y mira pasar a la gente. Fuma cigarro tras cigarro
y bebe cervezas, tres o más, mientras humea.
¿Qué le ocurrió? Nada se sabe. Ahora es
un ser desarrapado y solo, tras unas gafas
oscuras de muchas dioptrías. Nadie se sienta
a su lado. Tose o rugen los bronquios de nicotina.
Resulta extraña, aunque pague y a todos
les diga cariño. Ponme otra cerveza, cariño…
La soledad es evidente y produce compasión.
Cierta pero teórica. La compasión se torna
misericordia: ¡Pobre mujer! ¡Algo gordo debió ocurrir!
Echan un spray perfumado cuando entra
a la máquina de sacar tabaco. ¡Cámbiame, cariño!
Está muy sola. Siempre va y viene sola y hace
muecas, sentada, como quien se habla a sí misma.
¿Qué si no? Desdén, soledad, misericordia.
¡Desdichada Mar! ¡Tráeme otra cerveza, cariño!

RIBALDO

Inicio salvaje del verano: acero y sol.
El verano es salvaje o no es en absoluto.
Un muchacho, algo mayor que su apariencia,
playeras, bermudas, camisa volandera,
se agacha en el fragor del mediodía
a recoger una colilla del suelo, junto al buzón.
Se aparta y la enciende. Mira alrededor
buscando todo y nada. Reluce el esplendor
de su cabello revuelto y su mirada turbia.
Cruzamos sensaciones. Está entre la desesperación
y el gozo. Podría pedir cualquier cosa.
Del bolsillo saca una lata de cerveza
y la bebe. Estará muy caliente, supongo.
Se apoya en la veranda del Metro. Quiere
la explosión de los sentidos o la muerte,
que es pareja. Espera bajo el sol
como hace siempre la juventud verdadera:
todo se permite si todo se destruye.
Refulgen sus piernas y sus ojos.
Una bala de fuego cruza el aire
y un aroma de sexo y jazmines nocturnos.
Es el inicio del verano: belleza convulsa.
El verano es salvaje o no es en absoluto.

VIEJOS

(Pareja)

Indudablemente pertenecen a un mundo abolido.
Más de noventa años y aún pasean del brazo,
despacio, con ropa correcta y anticuada,
y ella —peor que él— con un traje de chaqueta
que quizá fue hermoso y el cabello canoso,
revuelto, ralo, aunque sin duda lo peinó...
El Tiempo no se los ha llevado aún
aunque ha arramblado con lo demás, son
más que el resto de un naufragio, el
naufragio mismo, esa nada vestida que nos aguarda;
pero diría que no se dan cuenta. Pasean
arrastrando su clase y distinción en ruina,
y nadie puede ver el remoto esplendor que fue;
pues ahora —despacito, ajenos— son solo el sí
fuera del sí y el no lejano al no, son
un bolso de cocodrilo falso —¡Señor!— perdido,
abandonado, olvidado en otra olvidada estación.

(Solo)

Baja la ligera cuesta, siempre a mediodía,
hacia el convento donde antiguas monjas dan a diario

comida a los necesitados. Es pizpireto y cojitranco,
con vaqueros raídos, camisa de colores, tenis, y
una ajada gorrita de beisbol sobre un cráneo
prácticamente calvo. Baja a trompicones, ajeno, feliz,
ensimismado, haciendo sonar a su aire un par
de castañuelas rojas. La gente lo mira al pasar:
canturrea, medio baila y toca los palillos mal.
Va a comer, pero bien podría ir a volar,
es mitad golondrina, mitad búho, mitad
(son tres) antiguo flamenco sin tierra ni lugar.
Tocando castañuelas, desnortado, mal vestido,
es el viejo perdido del todo, el viejo
que supera la velocidad del mundo: él está
más allá, mucho más allá, casi en el puro no-lugar.

* * *

No nos dejes llegar Tú a la estación de los
bolsos perdidos, ni permitas que volemos
cuando no hay aire, ni mundo ni necesidad.

RUGIR DE LA MARABUNTA

Símaco quería esconderse tras las frases bellas,
tras el oro y las columnas del pasado,
que aún entendía, al borde de perder sentido.
El noble Símaco veía deshacerse elegancias.
Ambrosio, obispo al fin de la Milán norteña,
sabía que el futuro se abre derribando puertas.
Sabía ser docto y rudo en nombre de ese Dios
que nunca, jamás podría admitir competencia.
Vanidoso de tal dios agreste pateaba el
mármol para imponer la razón de su «plebs» cristiana.
Quizá Símaco procuró no saberse vencido: lo estaba.
En el gozne de otro Tiempo aúlla el «homo novus».
Todo se va volviendo bruto y necio y los obispos
(clérigos o civiles) vocean felicidad en sus psalmos.

TEATRO Y VERDAD

Orson Welles le dijo: usted es un gran actor.
Y el ya no joven Elmyr, riendo, replicó calándose
el monóculo: ¡Un actor no profesional, querido!
Húngaro de nacimiento, Elmyr d'Hory afrancesó
su nombre, como adornó los innúmeros vericuetos de su
vida. Welles lo retrata en *Fake.* Falsificador insigne
de pintura, puede haber cuadros suyos en los grandes
museos. Decía que dibujaba, pero no firmaba nunca.
La policía persiguió al elegante falsificador que solo
aspiraba a gozar del mundo entre jet set sofisticada.
Hablaba una lengua cosmopolita y buscaba arte y chicos.
Lo conocí (otoño del 75) en un club gay de Madrid,
con sillones negros y tenues luces rojas. Era encantador
y con estilo. Vivía en Ibiza al borde sagrado del abismo.
Fue gentil. Firmó un libro. Brindamos. Se suicidó poco
    después.
La vida es asimismo farsa y falsificación. ¿Verdad?

EL SEÑOR BUFFANO

Tocaba el piano en bares de noche. Eso
desapareció. Era culto, santafecino, divertido,
pero amaba la bohemia, la inseguridad, el margen,
el arrabal. Fuimos amigos. Escribió una novelita

titulada *Albóndigas y cocaína.* Lo intenté, pero
no se publicó. Amílcar amaba a gordas actrices
de medio pelo, que se creían divas arruinadas,
y a putitos de gozo y farlopa, que nos contaban todo.

Creía que la vida era una aventura, un embrollo,
una noche larga, un súbito amanecer fugaz, el calor
del Paraná en enero, para saltar desnudos.

El pianista-narrador vendía empanadas para
sobrevivir y montaba tinglados pobres de farsa zurcida.
Una herida cruel lo devolvió a Argentina. Lloraba.

Ni coca ni dramas ni tacones: Adiós, nomás.

COLEGIALES

Vivo cerca de tres colegios con alumnos —chicos, chicas—
al borde del fin del Bachillerato. Me fijo en los mayores,
altivos, audaces, dignos de ver y felices de la existencia,
aunque habrá puntuales y pocas horas negras. Relucen.
Si me ven, seré solo una figura tangencial, próxima por
el vecindario. Un raro solitario señor. Me pregunto qué piensan
de la vejez, en la que estoy instalado. Juzgarán que la vejez
—como la gente— son siempre los otros, la vejez es de otros.
Y es bello y normal que sea así, porque el resplandor
joven se nutre (en parte) de suponer una imperecedera
juventud. Otros son viejos eternos, ellos, eternamente jóvenes.
Aunque sea mentira, jamás se volverán ancianos, jamás
tendrán canas ni achaques oscuros. Ellos matan la vejez de golpe.

HUMANA LOCURA

Dracino, uno de los cien mil príncipes italianos.
Vivía en un destartalado «palazzo» véneto, con arañas
y zonas arrendadas. Luchó en el norte de África
en la II Guerra y amó el desierto inexplicablemente.
La enorme luz, la amarilla arena, el oasis repentino:
una mística. En una habitación vacía tenía una tienda
de campaña para dormir. Viajaba al sur tunecino.
Sin lujo y ancho ocio, señor de una religión de soledades.
La dicha era el oasis, el sol, la piedra. Bebiendo un bitter
rojo, me dijo: despojarse, no tener nada y sentarse
a mirar el horror atareado de las humanas hormigas,
de un abismo a otro abismo. Sin presente ni futuro.
Todos van y vienen, sin sentido. Brutal vanidad vacía.
Nosotros, hemos llegado ya, sin habernos movido.

LA MARQUESA

Es alta, estilizada, acaso no hermosa propiamente
pero con la seducción del estilo, del porte, de esa
magia que —valga o no— conceden el dinero y la clase.
La marquesa ya es vieja, usa una muleta y domina
las artes del atavío: peinada, maquillada, envisonada,
pasea al sol de otoño con una criada boliviana, muy
correcta,
que lleva siempre un almohadón por si «madame» se sienta.
Todos admiran su viejo y regio esplendor, y su no ceder
(porque puede pagarlo) al ventarrón áspero de la vejez fea.
Ella observa todo con altiva resignación, como si aceptara
que todo pasó, pero debe defender los últimos estandartes.
Las nieves de antaño son imposibles cuando apenas nieva.

LOS SENDEROS DE MÉRIDA

Fue ahí por las fotos. Era un chico alto y muy bello
que huyó del horror de Venezuela. Cabello largo, ojos
profundos,
largas piernas, todo masculino, joven, seductor. Se llama
John Paterna. Las fotos sexis y el sexo —algo de sexo— le
hacían vivir. En esos días de grata amistad me dejó verlo,
y con sencillos alardes de belleza: en boxer solo, mirando
películas.
Era hermoso e imponía. Me dijo: sabes, no me gusta el
sexo.
Cuando llega —23 años— procuro evitarlo, ir por otros
senderos…
Aquel mágico modelo de mirada oscura, al que querían
festejar o adular modistos, compañeros y princesas, no
quería ser famoso, ni amaba el lujo. Era vegano
como modo de desacuerdo con un mundo de estropicios.
Amaba la ecología, la contracultura, la marihuana y
la soledad. Joven sabio taoísta (hablé de Lao y su libro)
su deseo mayor era, en remoto lugar, cultivar su huerto.
Desnudo a la luz de un foco era el sol. Su amor, solo la
luna.

¡PUTA VIEJA!

Una araña con mil patitas híspidas,
algo oscuro, amenazador, con el aire negro
de lo que es temible y despreciable, pero
está ahí, a tu lado, en el filo de la cama.
Esa araña (que siempre revive) es la vejez,
la sutil tortura de la edad que avanza...
El estómago es lento y prolifera en gases,
se inflama entre turbulencias de intestino.
Y acaso esa hinchazón difícil de expeler
hace daño al esófago. Un hueso de la
cadera me duele como casi siempre y si me
agacho (sí, puedo hacerlo) gimo como esclavo.
Las patas feas y acres de la araña lo tocan
todo. No hay remedio. Final: un mar de silencio.

MI PELÍCULA FAVORITA

Una ciudad bajo el calor del trópico. Playa entre palmeras.
¿Respetarían esos el burdel de Tai? Aldo y el poli se miran.
La noche es calurosa. Una ciudad a punto de caer en manos rebeldes.
Escritor o policía. Tiene que huir. Siempre ha huido.
¿Podría vender ese Buda dorado? Aldo (llaman) experto en
antigüedades. ¿Coca? Dos chicos jóvenes, rojas camisas de seda.
Bajo el motel la dueña se baña desnuda en la bahía.
La vieja mira. Bullen sensualidad y pieles húmedas.
Tráficos lícitos por el miedo. Disparos en la noche. Sudan.
¿Los chicos? La salida por mar sería lo más lógico.
Recoge los papeles en una cartera de piel de antílope.
Todo va a terminar. Lo que pueda empezar no me interesa.
Sí, sí queda alcohol. Sabe: nunca se vuelve. Mejor despedirse.
El crepúsculo es brutalmente rojo con manchas azules.

UNA BUENA PAREJA CASI AL FINAL

El aire es tosco, pero no vulgar. Un hombre y una mujer
gruesos, sólidos (matrimonio o amantes da igual), ya
jubilados.
Su aspecto correcto y rudo no oculta cierta bonanza.
Almuerzan todos los días en un buen restaurante, que
les guarda la mesa y sabe sus manías: solo un plato, media
botella de un buen rioja tinto y —al fin— café y licores,
cuyas frascas quedan a su disposición: varios tragos.
Luego se marchan, satisfechos, con lento andar de
paquidermos.
No pueden ser otra cosa que el fin del tiempo y de
la vida, llevados con un bienestar cordial, nunca optimista.
Se hacen amables porque no son puritanos y aceptan el
telón.
Su mirada —la de él, sobre todo— es sombría, oscura,
pero posee la bondad del último saber. Eudaimonía, amigos,
solo cuenta la dicha, aunque al fin sea corta, huidera
y dependa un poco del alcohol y un mucho del olvido.
¡Proserpina os bendiga, pareja de lento adiós y malestar!

IMAGEN DE VÉSPERO

Tarde muy larga de inicio de verano. Luz declinante
en horas ante la noche. Estoy sentado en una terraza grata,
tomando cerveza y gozando las brisas de la hora…
Casi invisible, como una bruma de movimiento suave
y giros reales, tenue cendal que comprendo, se
acerca una figura de mujer, sin edad, no joven, sutil,
delicada, con un vago vestido vaporoso y rostro sereno:
dime, ¿qué haces aquí solito? Nada me extraña.
Ya ves, paso el rato. Sabes, apenas sé cómo he llegado
a este momento, a esta vida, a este obvio desamparo…
Siempre te gustó estar solo. Verdad, pero no tanto,
o la vida era entonces diferente. Soy un anciano
que no logra la calma, aunque vagamente espera
una playa feliz. ¿Dónde? ¿Con quién? ¿Cómo?
Sentí tenuemente su mano en mi cabello. Presentí
que se marchaba. Intenta a tu modo ser feliz…
Casi era noche, cerca de las diez. Luces eléctricas,
el aire que movía ramas. Los pocos habituales se iban.
Adiós, rey. Cuando lo necesites no dejes de pensar en mí.

GIMNASIO / GYM

Son salas con mucho hierro oscuro. Máquinas de musculación,
abdominales, espalderas, cintas para correr y, sobre todo
(sobre todo) pesas, más pesas, subiendo kilogramos.
¿Celebración de la juventud y belleza del cuerpo?
Jóvenes acuden a ver fulgir su cuerpo y muchos,
esbeltos, concluyen en sudorosas masas de carne…
El gimnasio ayuda a la belleza, que, al tiempo, deshace.
Cuerpos floridos, un año después, toscos, derrotados.
El gimnasio (símbolo hodierno) es espejismo hinchado.
Su verdad: beldad destruida, cuerpo bruto,
desánimo final del mundo, chabisque de la carne.
El «gym» (monosílabo imperioso) promete y poco da.
El gimnasio es —trampantojo— como nuestros políticos
populistas: avaro, mercader, arruinadores…

SIEMPRE ES LEJOS EL NORTE DE ÁFRICA

Quizá fue un adelantado. Huir es siempre adelanto.
Montó *Las criadas* de Genet solo con chicos. Ponía el dinero.
Pueblos lentos de Málaga, luego. Y al fin, Marruecos.
Marqués de Velázquez. Hombre feo, grandón, lector,
que gustaba de muchachos a quienes cuidaba y pagaba.
En su jardín de Arcila —un verano— el vasito de vodka
helada. La agreste «ruta de los diplomáticos» después
(matojos, cabras, pastores) para cenar en un destartalado
francés de Tánger. Todo era decadencia ya, y él
muy feliz olvidado. Hablamos de libros, de chicos, de soledad.
Me dijo tranquilo: siempre he pagado para ir con alguien.
Pescaíto andaluz frito y las murallas portuguesas que
dan al mar: brillo de soles en la piel bruna de tantos muchachos.
Feliz olvidado. Yo le visitaba muchas veces: Asilah...
Lo asesinaron a puñaladas. En su casa. Los hermanos
de uno que estaba enfermo, aunque Velázquez estuviera sano.
Lo mataron y su familia no quiso saber nada.
Yace en el antiguo Marruecos español, más olvidado aún.
Tomó de la vida cuanto pudo y tuvo final suerte mala:
el último higo del cestillo estaba fatalmente envenenado.

HOSPITAL

Se relaciona con palabras acogedoras: hostal,
hospitalario, huésped. Al entrar te perturba la asepsia.
El predominio del blanco no es acogedor sino gélido,
como las enfermeras, amables tal vez, pero lejos, inciertas.
Como el médico, ellas no pueden tener compasión,
dulzura, caridad. Morirían en el intento. Sonriente roca.
Alguien dijo: aquí no puede vivir Dios. Otro, es su casa
   preferida.
El verde quirúrgico de batas de quirófano se mezcla
al blanco de noches invernales. La comida es mala,
   digestiva.
Se oye: doctor ¿tardará mucho el alta? Ancianas en los
   huesos
malcaminan con andas. Se huelen pieles enfermas…
La blancura o el verde taponan rayitos, hilos de esperanza.
El mundo es un hospital, dijo el poeta. Impersonal,
   doliente,
calamitoso —en mayoría— siempre sales ajeno y oscuro.
Aunque sanes, el hospital te mostró ya la meta última.
El hospital cobija la innata mendicidad de la vida.

AUTORRETRATO EN PAISAJES

Las columnas de piedra en Paestum… Verano. Mar.
Islas del Pacífico Sur: flores, sensualidad, aventureros.
Una cala en el Mediterráneo con discreto hotel de lujo.
Pueblo de Castilla, con blasones e iglesias. Tarda
 Edad Media.
Tres chicos bajan hacia una playa cerca de Barranquilla.
Desnudos, más tarde, con agua de coco y ron, bajo la luna.
La maravilla de la costa azulada de Amalfi, en julio.
Las ruinas de Pompeya, sus frescos, sus grafitos lúbricos.
Llegar a Neuschwanstein con nieve en coche negro, lento.
Leonor, la reina de los trovadores, cerca de Albi en
un corcel enjaezado al estilo morisco. Oye música.
Grandes palacios neoclásicos y un carnaval de Venecia.
Una casucha fea que esconde elegante burdel de ambos
 sexos.
Mezcla todo y prepara un gran espejo con doraduras.

LLUVIA DE PENSAMIENTOS SOLITARIOS

Muy cierto, la soledad alimenta al sabio del
modo mismo que socava, humedece, las galerías del viejo.
Es maravilloso nutrirse de soledad si puedes tener
compañía
y solo es desesperanza, sequedad, miseria en el solo solo.
Lo expresó bien: me dejaron solo con las manos huecas,
llenas de palabras que no tenía con quien dividir.
La soledad del viejo es un viaje ártico en trineo,
con renos mudos entre una hostil, muy hermosa nevada.
La soledad es el frío de la vejez misma ya no
confortable. La soledad es requerir a un joven que pasa
con miradas de calor que no pueden ser replicadas.
La soledad del viejo es recordar rostros y días,
hacia el país todos de Nunca Jamás.

PROUST VISITA

Burdel secreto de Jupien o salón de princesa rumana.
Enormes ojeras, cortesía exquisita, gabán forrado en pieles.
El hombre extraño es un fantasma que solo vive
para concluir su obra. La vida quedó atrás, lejos,
y ahora solo puede recoger instantes e imágenes hermosas
en las que ya no participa. Su mundo es el pasado,
sus salones se fueron y la vida lo llenó de asma y deseo
que solo puede cuidar y calmar con perversión y fiebre.
La catedral del gran arte vale más y menos que la
vida. La supera, la encima, engalana y derrota, pero
la otra vida —la vulgar— era sabor y error. La vida
de verdad es horrible pero muy necesaria. La vida
del arte, fascinadora, vuelve acorde lo que rasposo era.
Como Proust soy y somos fantasmas, seres de lejanía.
Sin la vida vulgar no hay arte sublime y el artista
debe vestir el charol del espanto para brillar más allá.

FATIGADA ESPERA

¡Querido Julio Aumente, cuánto te extraño aún!
El lírico mágico, enamorado de los patinadores de sol,
que, entre viejas latas de cerveza, zigzaguean casi desnudos
driblando con sus piernas bellas, raíz de mitología…
El gran genealogista y anticuario bizantino, sabedor
del oropel vacío y grandioso de títulos y pinturas,
riquezas que ayudan a soportar el vano peso de la vida,
incluso cuando aún hay vida, aquella que fue nuestra, tan lejos.
En la terraza —con chorros de vapor— donde almuerzo en verano,
entre repintados cadáveres de viejas que se ignoran,
veo a un hombre solo, pelo blanco, lento fumador, que se
parece a ti. Con un desaliño perfectamente acordado…
Su gesto sereno es amargo, como tristes son los ojos,
caídos, cansados, porque los desengaños pesan milenios.
Ese hombre (yo o tú) espera sin esperar nada. Desdeña.
¡Sandia humanidad perseverando en el vacío!

MIGRANTES

Todos (más cada vez) parten hacia una vida mejor
que siempre es difícil, regular o ardua, y cien
problemas se mudan por nuevos veinticinco… Todos
queremos irnos, yo también, pero nada es fácil
y menos en estos tiempos de miseria e idiocia.
Edu —paraguayo— un chico lindo, vino siguiendo
a un novio que lo abandonó. No le va bien, no
tiene papeles, le regatean empleos pobretones y
el arriendo de humildes habitaciones caras…
¿Te vendieron entonces un Paraíso? Mi chico, no
hay paraísos, ni allá ni aquí, ni en parte alguna.
La plata es el único Paraíso de este tiempo.
Y si los ricos lloran también, lloran más a gusto,
te lo juro. El mundo se cae y todos queremos
irnos, navegantes con destino o sin él, todos
bastante perdidos. Hoy más remotos que nunca.
Solo formas varias de Nada son nuestro destino.
Me lo dijo Saúl, el negro de Camerún,
alto, esbelto, que pedía limosna en las terrazas…
No hay nada, no consigo nada, de verdad, y busco, busco.
Y la frase, su frase que explica el desastre de
un tiempo de miserias, de ceniza y horror consecutivo:
no me iré. Mira, en mi país Nada es Nada, sabes.
Y aquí —todo mal— aún, todavía, Nada es Algo.
Aún nuestro pobre triunfo.

LA ROSALÍA

Menuda, rubia, humildemente bien trajeada,
uno la ve como una inocente, un ser simple y bueno
sin luces. Va siempre a la misma mesa y siempre
almuerza sola. La respetan y cuando algún
camarero le habla, ella —silenciosa siempre— contesta
con lacónica y ejemplar sabiduría. Siempre está
sola. Solo los del restaurante le saludan,
se dirían 60 años de soledad casta e interminable.
¡Guarda la mesa de Rosalía! ¡Vino y gaseosa
para Rosalía! Y ella, muy blanca, sonríe muda.
Gente sola desde el principio hostil del mundo.
Gente que no necesita a la gente ruidosa, amantes
de la mismidad, del silencio, del dulce callado
pensamiento. Ilustres en un limbo azul: Rosalía.

BARCOS QUE SE CRUZAN EN LA NOCHE

Usted, Lezama, decidió estar en su baja casa oscura
casi toda la vida. Le interesaba el verbo, opulento,
carnal, hondo en mística, y el verbo se le divinizó
y vino a entender que todo va hacia la luz —lumen—
y que tan solo en lo lumínico puede residir esperanza.
Usted, María Zambrano, religiosa republicana, vivió
exilios, penurias, muertes, gatos y dificultades,
dificultad tras dificultad, cuesta arriba, como Lezama.
Buscó en el viaje; y su querer hacia un saber del alma
se fue volviendo búsqueda de luz, vuelos iluminados,
y en tales alas tendidas de palabra y sensaciones, coincidió
con Lezama (conocido en Cuba) y ambos cambiaron
cartas
y temblores y meditaciones, donde el verbo real,
más que potente, no deja de buscar luz, más luz siempre.
Iluminaron con lumen de caridad su místico cristianismo
raro, sin iglesia, cruzando mares negros y abismales
tempestades de nieve, para brillar tanto, tan humildes,
que los vanos títulos de gloria póstuma nada han entendido.
Azores sobre un universo destruido, yermo, solo les resta
la magnificencia empírea de una aún más altísima luz.
María, palabras suyas que Lezama sin dudar suscribió:
«No he conocido más que derrotas en mi vida, siempre
vencida».

LEONOR EN FRÍAS

Enero de 1200. Leonor de Aquitania,
en un ancho carro tirado por varios caballos
blancos, y forrado de estofas y pieles,
la vieja, sagaz, mítica Leonor de trovadores,
duquesa de Aquitania y reina de Francia
y luego de Inglaterra, recorre senderos de Castilla,
hacia el empinado castillo burgalés de Frías,
donde le aguarda su hija, esposa del rey
Alfonso. En Frías hay juglares y troveros,
vino caliente y música de crótalos y
añafiles, para la dama sublime y dura
que fue a la Cruzada y conoció arresto
y delirio. Minerva vieja en dulce armiño.
Busca a una de sus nietas castellanas
para casarla con Luis de Francia, y escogerá
a Blanca (la segunda) porque con doce años
ya bien se parece a ella, y será madre
de otro rey Luis, canonizado. El castillo es hermoso
y heladora la escarcha, pero en sus salas
hay braseros y chimeneas y olor de sándalo
o mirra. Se bebe y se baila, porque Leonor
se quedará hasta la primavera. La gente verá
sus ojos azules y su sonrisa cansada
y las gemas de sus grandes anillos en las

manos pecosas. Es más bella que su hija,
y es seguro que Blanca tiene su mismo porte.
Leonor de Aquitania recorre los caminos
de Castilla y brotan músicas y canciones
en laúdes de pajes hermosos bajo el
ábrego o la nevisca. Leonor es la vida, turbulenta,
sazonada o terrible. Grata en ocasiones,
pero todo es breve, todo cae y más la alegría…

* * *

¿Porqué evoco en el áspero verano de 2023
esta remota escena de invierno, crueldad y belleza?
Añoro el final del siglo XII, su sensibilidad, su
rudeza, su lejanía… Como todo poeta íntimo
siempre estoy en la flecha del viaje, y más
aún en su arco de huida. Me asfixia este
mundo globalizado de amorfas masas ignaras
(de verdad ignorantes) y sacripantes políticos
veterocomunistas o dictatoriales no menos ineptos.
No importa dónde, fuera del mundo.
La voz de los cruzados, el arte bizantino, la corte
suntuosa de Bagdad, la libertad que se escurre
bajo las leyes estrictas… ¿Podemos hoy huir
de la robótica imperial, de los prados internáuticos
donde el césped es plástico y la comida basura?
Odio el tiempo del final de mi vida, que la vejez
impía achica y merma y cercena y pudre.
Entro en Silos y miro las monacales estrellas
y digo vestir el hábito de San Benito para

esconder libros prohibidos y las ternuras
que acogen pudores sacros y bellos cenobitas.
Soy solo un latino fantasma por la alta Castilla.

EL CONDE RUSO

Me dijo: toda ciudad a punto de caer es mi reino.
En 1919 dejó Crimea con 20 años. Rusia ya no existía,
la Santa Rusia. Llevaba apenas lo puesto y un anillo.
Tuvo un cabaré en Shanghái, pero los japoneses lo
destruyeron. Siempre fue un hombre elegante
y a veces ese solo estilo le sirvió para ganar
su vida. Me acordaba de Petersburgo, pero sabía
que nunca volvería, nunca es nada lo mismo.
Al final se instaló en el sur de Argentina; casi
no tenía dinero, pero la pequeña ruleta funcionaba
y los chicos estaban felices con aquel negocio...
Víctor Dolgurov. Quiso ser enterrado en Ushuaia,
donde termina el mundo, frente a las nieves
y la paz perpetua. Recuerdo sus manos exquisitas,
su manera tranquila de beber champán, su francés.
Le tuve una rara envidia que ahora comprendo:
nadie sabe perder como quien siempre ha perdido.

ARTE AMATORIA

Apretados y en la línea radial de la penumbra,
besos se entrelazan con saliva y los cuerpos desnudos
—tan admirable el tuyo— se bañan en el sudor más
dulce
entre muslos, manos, lenguas y durezas, para
lograr —bendito sonar de los gemidos puros— manchar
sábana y piel en esa caliente nieve que fascina…
¿Cómo agradecer a tus jóvenes años el placer, la terneza,
el ansia de seguir y morder en el afán de un viejo?
¿Cómo agradecer que aún me descubrieras, pleno de gozo,
algo para mí nuevo, dormir la noche entera pringosos y
abrazados? La entera noche, anudados o juntos,
mientras podía notar, en tu plena indolencia,
que volvías ufano, encendido, turbio, a consumarte duro.
Fue así: joven enseña a viejo, arrecho, paz, ternura.

GERONTOLOGÍA

Los viejos están solos y no sé si es la mayor tragedia
de los viejos, achacosos, gimientes en silencio, pidiendo y
necesitando ayuda. ¿Sirve el perrito que lleva el grueso
caballero? ¿El cigarrillo que fuma —en la terraza— el solitario
triste? Varias viejas se reúnen y ríen y hablan muy alto,
pero al final brota inevitable el gran tema: la salud quebradora.
Los viejos pensamos y recordamos: hacemos pocos proyectos
de futuro. Un nieto adolescente mira con cariñosa lástima
al abuelo con bastón o muleta. La hija madura ayuda a
sentarse a la madre anciana: aquí mamá, así, despacito…
Isabel camina con pasos cortitos, además está muy sorda.
La vejez se constituye en un mar de pena y lágrimas
silentes y en un pobre horizonte de prohibición y cuidadoras.
Yo soy un viejo rebelde —hasta que pueda— y cultivo
a compañeros jóvenes y seductores, sí, para no darme cuenta
de que la escarcha molesta y camino siempre cuesta arriba.

ÉGLOGA

El amanecer es ya muy frío en noviembre. Solitario, me
despierto a veces con esos vagos destellos entre penumbra, y
noto, inevitable, el vacío del mundo y el vacío final de
mi vida; intento dormir de nuevo, a menudo muy vanamente.
Ese día, entre las nieblas verdosas y foscas que
vestían el cuarto, como cendales y aura de un mundo flotante,
vi pasar la silueta desnuda de un muchacho, vi sus sandalias,
sus muslos, acaso un leve paño de pudor que se entreabría.
Y oí en mi interior: Glauco. El bienamado Glauco, su aura
de atleta dulce. Bienvenido, sí, bienvenido. ¿Quién era Glauco?
No lo conocía, lo deseaba, lo buscaba, lo ignoraba: Glauco.
Sentí sus labios, el oro de su pecho, el cabello largo.
Glauco. ¿Porqué resuena tu nombre? Dime, dime…
Soy tu propia juventud, toda juventud. Oí: largo es el adiós, amigo.

REALISMO PURO

Me dijo que se llamaba Fernando. Veinte años, hacía dos
meses.
¿Podríamos hablar después de la conferencia? Claro,
tengo un rato…
Mi abuelo tenía todos sus libros. Miraba con atención si
salía en
la tele. Fue compañero suyo en el colegio. Pero nunca
decía nada más.
¿Fernando Teruel, como tú? Sí, exactamente.
¿Lo recuerda?
Claro, era muy agradable. Iba mucho a la montaña,
a la sierra.
Sí, eso es. Mi padre murió muy pronto. El abuelo fue
mi referencia.
Y ahora he visto bien sus libros, alguno cuidadosamente
subrayado.
¿Nunca se volvieron a ver? Nunca, acaso una vez en
la Universidad, de
paso. Creo que estudiaba Derecho. No se dio el caso
de ser más amigos.
¿Cómo decirle al chico que yo adoraba a Fernando, que
espiaba su
cuerpo y su dulzura en los vestuarios, cómo decirle que
una tarde, en

calzoncillos, me defendió luchando, y narrar suave tanta fugaz sonrisa?

Soy como usted. Mi abuelo no lo supo. ¿Podríamos acaso vernos otro día?

ANCIANO NADADOR EN EL TRÓPICO

El asombroso verano de 2017. La piscina enorme y azul
del Hotel de Barranquilla, rodeada de palmas reales...
Muy de mañana, un hombre viejo, alto, acaso alemán,
se hacía diez largos —ida y vuelta— seguidos, nadando.
Cuando se sentaba a secarse, se ceñía fajas lumbares
o más, para proteger y apretar la piel carnosa que colgaba.
Después lentamente se iba, oculto hasta el día siguiente.
Hice bromas: un gran escritor mayor en la Suite Atlántico.
Vive retirado. Obviamente anciano. Controla (en lo posible) la vejez
galopadora, en estas horas luminosas y tempranas. Nunca supe.
Aunque sereno, su rostro tenía el amargo rictus de tantos viejos,
y era evidente que el Tiempo tenebroso hacía su labor
pese a las tenaces brazadas. Admiré a ese anciano en el filo de todo,
con estilo. Sabía que era el final e intentaba un derrumbe digno.

CHICO MAMBÍ

Parece por encima, también por debajo de todo,
pero posee esa inmortalidad brutal y radiante de
los 17. Con el bigotillo agreste de varón y bandido,
recorre el barrio, liando el peta y pantalón pitillo.
Revuelto el pelo, los ojos revivos, tiene el fulgor de
la ignorancia, la osadía, la belleza y el descaro
que ajunta bondad, desdén, orgullo y deseo.
Sabe que atrae y luce su andar en nubes de oro,
ante las terrazas llenas de tercera edad o pibitas
gritonas a las que seduce tanto como desprecia,
mientras mujeres ya maduras lo anhelan con recelo.
¡El chico malo! ¡Presumido el chaval garduño!
Un día —si llega— él también será puro estropicio.

JAIME

Falleciste en enero de 1990, tras casi cuatro años
de dura enfermedad, que frenaba para tornar con saña.
Antes de eso (y la muerte te llegó con solo 60)
decías ya: «¡De todo hace veinte años!».
Nunca he conocido a nadie tan tenazmente
fiel a la juventud. La juventud es la vida, después
(nunca lo perdiste de vista) nomás se sobrevive.
Detestabas la vejez en pura adoración de juventud.
A los 50 ya te tenías por viejo
y escribiste aquel poema –«De Senectute»— que
dice: «De la vida me acuerdo, pero ¿dónde está?».
Yo debo hoy decir que de todo hace cuarenta años
y que me aferro a un vivir que —pese a los jóvenes—
sé distinto, amenazado, nunca igual, caedizo.
La juventud se fue y no tornará jamás.
Solo queda admirarla y bendecirla en otros,
que aún no se han percatado de la trampa.
¡Juventud maravillosa, torpe, ociosa, esclava, dulce!
Tú contentas y humillas a los ancianos,
te ríes de nosotros y nos besas, delicia descarada…
Yo también quisiera haber sido poema,
mejor que poeta, mi querido de la calle Pandrossou.
Inteligente, sensual, sensitivo, tenías razón:
¡Los ángeles, los querubines, el tiempo, las abominaciones!

POETAS DEL GATO NEGRO

Simón, 19 años. Peso ligero joven. Alejandro lo vio
en un combate boxístico, en el barrio, y decidió
ayudarlo. Todo le gustaba en él, la pegada, el
juego de piernas, el cuerpo exacto, la belleza
que se mezcla con la fuerza, la cordialidad del
chico al aceptar que su protector lo viera
entrenar. Desnudo bajo la ducha, secándose
mientras explica el atado de las manos y la
rapidez del golpe. Claro que otros pensaron
en sexo. No lo había. Alejandro tenía 75 años
y era la bella juventud viril lo que lo
enamoraba. Perfección y fuerza. He pensado en ti
mientras peleaba. Quizá le acarició la espalda
Simón golpeaba a la vejez y Alejandro vivía.

DUERMEVELA

¿Qué has oído de los muertos? Voces que conocí y
huyeron,
atisbos de voces, sones que no llegan a palabras, timbres
breves...
Como las viejas agendas, ya sabes, teléfonos y direcciones
(aún guardo una) repleta de rayas y tachones en rojo.
Ecos de amor o ya no sé de qué, dulzuras inatrapables,
sueños vanos sobre sueños vanos, en tanto las líneas de tu
faz
se subrayan, te marcan, como el peso de los huesos al
andar, torpes, inciertos e infecundos de elasticidad, de
plomo.
Y te dicen: ¡Te encuentro muy bien! A mis años, respondes.
¿Has oído algo de los muertos? Un viaje y no nos hemos
movido.
¿Dicen algo de mí o de ti? Todos andamos sendas
perdidas,
y el bastón no es adorno ya, sino cuña, refugio, garfio.
Buscadores solo de calma, silencio, lejanía, azul y buenas
noches.

ESPEJO DE VERDAD IMPURA

No te gusta, pero te contemplas cada día. Manchas
en la piel (tuve dos pequeños carcinomas) léntigos, pecas,
ralo el cuero cabelludo, aunque resista, y esas bolsas
bajo los ojos, que no son ya cansancio, sino piedra de
tiempo.
Al ir a lavarte los dientes —implantes— no debes flexionar
la cintura, pues la lumbalgia trotará como potro
desbocado.
Al agacharte (las cosas se caen y nunca te dabas
cuenta) debes esperar el chasquido de la rodilla, que
—palabras doctorales— no es sino un cartílago viejo,
desgastado. Cremas paliativas, sedación temporal, y ¿qué
más? Nada. Menos solución que alivio. Bajar escaleras
es peor que subirlas, y caminar es bueno si
evitas el sol que (pese a sus vitaminas) es nefasto, agresivo.
¿Dónde la juventud? Se burla de ti en toda beldad ajena.

ABUELITA MARÍA

1963, digamos. Era viejecita y rosada, dulce,
y vivía en una casa con jardín —grandes begonias—
junto a su hija Antonia. ¿90 años? Era hermana
de mi nunca conocido abuelo Antonio. Tía de mi padre.
Abuelita María, por vejez y ternura. Mejillas coloreadas
y arrugadas, voz blandamente rota y arrastraba
los pies al caminar, en unas anchas zapatillas
deformadas… ¿Por qué te recuerdo, más allá del beso?
Creo que fuiste una anciana feliz. Y no es tan fácil.
Por fuera eras luminosa, pese a los cientos de años.
Tu corazón, ¿qué pensaría de tantas pérdidas y
zozobras? Arriba el moño blanco, las zapatillas negras.
La vejez es solo piedras que un río arrastra, rotas.
Falsa abuelita María, solo una imagen rosa perdura de ti.

EL GRAN ÁRBOL VERDE

Sin duda un error que resultó positivo…
Esta enorme mole de verdor, junto a una calle ancha,
es un árbol mal podado. No le arrancaron los
chupones, y la savia —generosa— en lugar de
morir o no llegar arriba, a la copa, se ha desparramado
turbulenta por el árbol todo, que ahora luce
abundosa frondosidad y fuerte espesor verdoso.
¡Hermoso árbol, hay que decir, aunque a riesgo de
secarse arriba, como queda en invierno despojado!
Los humanos tenemos también nuestro verde esplendor
y savia, a veces, que equivocada o no, desborda.
Juventud es loca savia y glaucas hojas brillosas.
Pero el árbol nuestro no vuelve, ni mal podado,
nuestro árbol se desviste, se seca, se aísla, feo,
y solo nos queda, antes o después, la segur filosa.
¡Qué vulgar decir todo esto y qué certero!
¡Árbol hermoso, recuérdame que fui joven un día!

MI VIEJO CHAMARTÍN

¿Qué recuerdo juvenil, entre bastantes, salvaría,
ayudaría a salvar, esta híspida vejez, tan sola?
A la sombra del remoto estadio, había una piscina,
con árboles, y fuentes que manaban de un león.
Era mi lugar favorito, a mediodía, en la amada plenitud
solar del verano, para mí sinónimo de vida y sexo.
Estoy bajo la sombrilla, tomando un rojo Campari, y
veo a los chicos que saltan al agua, o sobre las toallas
frotan sus piernas y arrecho con la oportuna amiga…
Los admiro bajo el rubio sol, herméticos.
Pero la memoria me lleva a la deslumbrante belleza
de Eduardo que, aquel día de brillos, me pide que
extienda la protección solar sobre su cuerpo de oro.
Paso la crema por sus muslos de venas azuladas,
suavidad todo, y miro la hermosura de su rostro perfecto.
El sol nos cubre y amamanta y la noche es solo
el sueño posible y desnudo de este fulgor edénico.
No es julio de 1977, sino una gota de inmortalidad.

JUANITA

Llegó a España sobre 1947. Una mujer elegante,
de ojos azules, que puso un taller de alta costura,
que regía y dirigía ella misma. Jeannette Raguet.
Fue muy amiga de mi tía. La conocí ya vieja,
cuando los vaivenes y caprichos del Tiempo estaban
deshaciendo la elegancia, el chic, la alta costura…
Juanita (como le decían entre amigos) seguía siendo
distinguida y con ese aire o aroma que impregna
calidades. Pero le iba cada vez peor y tuvo que
cerrar el taller donde una modelo pasaba los
trajes diseñados a gusto y medida. Cayó todo,
pero Raguet seguía yendo a almorzar a buenos
restaurantes y trataba de mantenerse a flote
mientras se hundía. No entendían aquello de desaparecer
con la copa alzada. Yo (al oírlo) lo entendí enseguida.
A la postre los viejos amigos —todos viejos ya—
tuvieron que pagarle una residencia digna, discreta.
En ella Jeannette murió vieja, sola, sin amantes ni
familia, lejos de sus naturales esplendores…
Entendería (o lo supo siempre) que la vida es una
trampa y que solo el pasado (tu pasado) es y cuenta.

LEONARDO DA VINCI PALPA LA ANCIANIDAD

(Autorretrato, 1519)

Para León Guillermo Gutiérrez

Sigo deseando y añorando y pensando sin
casi cesar en la Belleza, con las luces que los sabios
le aplican; mas cuando me levanto, me alzo
de la cama, mis rodillas tienen algo de piedra lunar
y observo venas gruesas en piernas gruesas. Temo
al espejo, la boca saqueada, las bolsas de los
ojos, el cabello ralo, breve, estepario, hosco,
y las pupilas, ardidas de búsqueda
tantas veces, vueltas apagadas, cenizosas centellas,
en las que tristeza y desengaño tienen cavo nido.
La línea de la boca se curva hacia abajo
en seña de sequía, aridez, estiaje.
(El rostro del ángel de las rocas, el perfil
de Salaino al que enfrenté a un anciano…)
Camino mal, me pesa el mundo en mi cuerpo
y aunque quise saber todo y disfrutar todo,
ahora sé que el río del final manso me acaricia.
Me retrato en sanguina, sin amor,
para decirme que los ciervos abandonan
mi senda, ya en la ciénaga pantanosa.

RUPERT BROOKE EN POLINESIA

El frío, oculto y gran Henry James se enamoró de él.
Del joven rubio, estudiante, poeta, soldado de griego perfil.
Rupert había recorrido Polinesia en primitivo esplendor
de muchachas y chicos, con flores, sexo, atolones, luz…
La guerra lo hizo un héroe: el heleno inglés, muerto de
fiebre en Skyros, isla egea. Churchill escribió su obituario,
James un prólogo más largo que el póstumo librito de
viajes.
Henry comprendió que la Belleza manda y se arrepintió
de no pecar.
Rupert, más mito que poeta, fue exaltado porque lo bello
quema todo a su paso, y aunque no luchó fue héroe de
guerra.
Posó de aqueo, de alumno, de amigo, siempre con los
rizos
cayendo sobre el exacto caballete de su nariz y sus
labios prometedores, ambiguos, húmedos. Todos lo
quisieron,
y tanto, que resulta obvio que Rupert Brooke tenía que
morir.

TODO LO TRAE, TODO LO LLEVA

(Fuimos Troes)

¡Juega el Tiempo con nosotros, nos sacude y amengua,
nos hace de menos, nos infama, retuerce y muda todo!
En sus usos no es raro el sadismo, y así los viejos
ven ruinas y vacíos, mayores cada vez y sienten solo
tristura.
Entre la infelicidad del deshacerse ve uno con sorpresa,
como milagro o espejismo, algún día remoto y aún
perfecto:
noches de junio del 78, con aroma de cuerpos brunos,
cuando el deseo te guiaba por callejones y baruchos
entre brillo de juventud y fulgor de lechos sudados
y perfumes de jadeantes cuerpos vueltos seda y delicia...
¿Dónde está eso, Villon, dónde la nieve y los chicos idos?
Un silencioso río arrastra y rompe mármol vivo,
y la Fortuna aún se mezcla al ciclón del Tiempo
y solo adiós nos queda, adiós y ruina sobre ruina.

REFLEXIÓN BAJO EL CIELO DE MÉXICO

Puede la vida brillar muchos momentos,
centellas en el tiempo, un fulgor diamantino…
Mas cuando el tiempo transcurre inexorable
y una tarde nublada intentas, sereno casi,
contemplar los días que quedaron atrás,
las mil velas apagadas del famoso poema,
solo puedes darte cuenta que hay un abismo cerca.
Personas y personas se han ido para siempre,
noches que fueron plata son mordidas de olvido,
¿dónde están, qué se hicieron? Ni veranos ni nieves
quedaron para nadie, y entonces (sin lágrimas acaso)
vendrás a descubrir, real, la única verdad del
siglo: nada dura, nada permanece, todo cambia y muda.
La sola verdad es un lienzo, vacío casi.
La montuosa bruma del monte taoísta.

COINCIDENCIA DE OPUESTOS

Sin duda ha querido —imagino— romper fronteras.
Un joven alto, negro, atlético, ceñido, entra al comedor
y se sienta espléndido para el desayuno. Cruzamos
un atisbo de sonrisa. Pronto, un hombre anciano, menudo,
con leve bigote, llega a la mesa. El atleta se levanta,
lo saluda, hablan, se sientan, lo guía. Café y yogures...
Miro la fragilidad del anciano, que habla vivazmente,
y los potentes muslos del joven negro, de rostro sereno
y cordial, atento a ese caballero que, sin duda, lo ayuda.
Al rato salen juntos, y la vejez se apoya en la columna
de una edad y una constitución bellas, benévolas, benignas.
Con envidia y solo, observo esa ecuación maravillosa.
El viejo sujeta y el joven eleva. Conocen límites
pero intentan transgredirlos en un dialecto de bondad.
Padrino y atleta. Viejo junto al fulgor de la negritud.
La umbría vejez se asienta en la juventud poderosa.
Lo triste es menos triste. Polos opuestos erigen armonía.

POSTFACIO

El título sencillo de este libro me ha sido uno de los más arduos de hallar entre los míos. Acaso porque es un libro en y sobre la vejez. Obvio. No me gusta la vejez, y descreo del discurso oficial u oficialista sobre la tercera (o cuarta) edad y los esplendores sabios de una ancianidad construida desde lejos y desde, a menudo, un muy intencionado optimismo. La vejez es fea y aunque tenga sus brillos ocasionales, lo diario se colma más y más de restricciones, de cercos, de imposibles. Lejos de la vejez/bondad está la vejez/dolencia. Por eso me gustó una frase de Alberto Moravia: «La vejez es una enfermedad como cualquier otra en la cual uno al fin muere irremisiblemente». ¿Una enfermedad o mejor varias en una? Las goteras que se multiplican y acrecen.

Por supuesto pensé muy pronto en las excelsas «Coplas» de Jorge Manrique, un poema que memoricé con amplitud desde adolescente. Y llegaba aquí: «Las mañas y ligereza / y la fuerza corporal / de juventud, / todo se torna graveza / cuando llega el arrabal / de senectud». Curiosamente los versos me llevaban a una frase de Oscar Wilde, tantas veces amigo: «La tragedia de la vejez no es que uno sea viejo, sino que no es joven». También el celeste Platón: «Teme la vejez, pues nunca viene sola». ¿No tenía, llegado acá, dos buenos títulos? «La tragedia de la vejez» es demasiado solemne, así a secas, ampuloso en exceso. O «Arrabal de senectud». He ahí un título perfecto. Lo quise desde el primer momento, pero no tardé en reparar que era demasiado bueno, demasiado clásico, demasiado perfecto. No por ser cita de Manrique, bien clara, sino porque como título suena a definición. Muy evidente en su justa alteza.

Me encontraba con el siempre aforístico La Rochefoucauld: «La vejez es un tirano que prohíbe, bajo pena de muerte, todos los placeres de la juventud». Sí, pero suele hacerlo lento y (con suerte) de a poco. La frase de García Márquez es un buen comentario de algo —estar solo— usual en muchos viejos: «El secreto de una buena vejez no es otra cosa que un pacto honrado con la soledad». Benevolente lo de «buena» y lo de «honrado». No podía olvidarme de otro amigo, Constantino Cavafis: «El envejecer de mi cuerpo y de mi rostro / es la herida de un espantoso cuchillo. / No tengo resignación». Exacto. Versos de un poema de 1921, «Melancolía de Jasón, hijo de Cleandro, poeta de Comagene (595 d. C.)». Pensé entonces: ¡Maldita vejez! y lo juzgué, como quería mi libro, algo directo, inclemente, con cierta irreverencia. Pero acaso en exceso inmediato. Mejor, dándole vueltas: «Miserable vejez». Ahí está y es eso.

He querido pintar la vejez y mi vejez avanzando, desde muchos ángulos, culturales, vitales, cotidianos, incluso observando las calles y gentes de mi barrio madrileño. La vejez se repite porque es el solo tema. Pero soy y he sido abogado, enamorado, defensor de la juventud. Por eso (y por contraste) las pinceladas juveniles pretenden mostrar que, solo aferrado a la pasión, al arrecho y al entusiasmo de la juventud y con la juventud, logras que no se arrugue el alma. El cuerpo es torpe y sin gracia, pero el corazón que ama el exceso joven, sigue ardiendo en la vieja llama. El deseo como fármaco. Amo la juventud y detesto la vejez, ni bella, ni noble ni sagrada.

Es fácil: tomad la foto de un joven de 20 o 22 años y poned al lado la foto de ese hombre con 75, aproximadamente. Mirad tan solo. Está dicho todo. Excesivo Céline acaso: «La vejez es lo que sobra de la vida».

(Estos poemas fueron escritos desde febrero de 2022 a finales de octubre de 2024. Vale).

(Madrid, octubre de 2024)

ÍNDICE

Esta primera edición de *Miserable vejez*
se acabó de imprimir en Madrid, el
día 8 de enero de 2025, 35 años
después del fallecimiento de
Jaime Gil de Biedma,
en Barcelona.